Selbstzweifel überwinden und Selbstvertrauen gewinnen

Wie Sie es schaffen Selbstzweifel loszuwerden, Ihr Selbstbewusstsein zu stärken und Ihre Ziele zu erreichen

Bonus: Erste-Hilfe-Koffer für akute Selbstzweifel

von Simon Ternyik

Inhaltsverzeichnis

1 Selbstzweifel überwinden – los geht's!

„Zweifel macht den Berg, den der Glaube versetzen kann." (Deutsches Sprichwort)

Hallo meine Freundin, hallo mein Freund!

Ich möchte meine Einleitung mit einem Feuerwerk der Freude und Motivation beginnen! Soeben ist bei mir wiedermal ein Knoten geplatzt: Das muss ich ausnutzen und gleich diese Einleitung schreiben!

Sicherlich haben Sie auch Selbstzweifel, das ist ganz normal. Jeder Mensch hat oder hatte sie. Aber es gibt Möglichkeiten, diese Selbstzweifel für ein und allemal loszuwerden. Ich kenne das selbst: Man ist eigentlich gut drauf, alles läuft gut. Bis zu dem einen Punkt, an dem Selbstzweifel kommen. Und glauben Sie mir: diese Selbstzweifel kommen immer. Vor allem immer dann, wenn man unbedingt weiter machen sollte.

Sobald Sie zweifeln, wird es nämlich erst richtig interessant. Sie stoßen an Ihre Grenzen. Sie beginnen zu wachsen. Aber der kleine Mann in unserem Kopf wächst nicht gerne. Er bleibt lieber klein und will sich nicht groß machen. Wieso etwas riskieren? Ihm geht es doch ganz gut. Meint er zumindest.

Egal was Sie machen: Ein neues Projekt starten, einen neuen Job annehmen, ein neues Musikinstrument lernen usw. Es ist egal: Der kleine Mann ist immer da: „Ich schaffe das niemals. Ich bin zu klein, zu schwach, zu dumm!“ Was auch immer: Er wird Ihnen ausreden wollen, wie großartig und fantastisch Sie sind.

Manchmal werden Selbstzweifel auch durch andere Menschen ausgelöst. Sie wollen uns kleiner machen, damit Sie größer erscheinen. Und Sie machen uns absichtlich klein, weil Sie gerne besser sein wollen als wir.

Verlierer umgeben sich oft mit Menschen, die noch kleiner, schwächer und dümmer sind, als Sie selbst. Das klingt jetzt erst einmal hart, aber denken Sie mal darüber nach. Wie viele Leute kennen Sie, die sich absichtlich mit dümmeren, schwächeren und ungebildeteren Menschen umgeben, nur um selber groß zu wirken?

Machen Sie nicht denselben Fehler! Umgeben Sie sich mit größeren, stärkeren, intelligenteren und auch gebildeteren Menschen, als sie es sind. Wieso? „Will er denn jetzt etwa, dass meine Selbstzweifel noch größer werden? Ich schaffe doch niemals so zu werden!“

Ich gebe Ihnen die Garantie: Ihr soziales Umfeld wird sie prägen! Egal ob Sie das wollen oder nicht! Ein Jugendlicher in seinem Entwicklungsprozess wird maßgeblich durch drei Dinge geprägt: Genetik, Erziehung und Umfeld. Das ist jetzt relativ ungerecht, denn der Jugendliche kann sich nichts von den drei Gegebenheiten aussuchen.

Aber wenn ich mir Sie so anschaue: Sie sind erwachsen, Sie haben das Ruder in der Hand! Keine Ausreden! Sie können Ihr Umfeld selber bestimmen. Niemand muss Sie mir erziehen, Sie können sich jeden Tag selber fortbilden. Und die Gene, na ja, da kann man eben nichts machen. Das wird aber oftmals überschätzt. Neueste Forschungsergebnisse zeigen sogar, dass wir selbst an unseren Genen arbeiten können! Jede Entwicklung, jede Tätigkeit, jedes Lernen wirkt sich unmittelbar auf unsere Genetik aus.

Was heißt das jetzt für uns? Es ist eine wunderbare Neuigkeit! Wir können alles selber bestimmen. Wir haben es in der Hand. Wollen wir also unser ganzes Leben zweifeln? Oder packen wir unser Leben an und versuchen jeden Tag der Beste zu sein, der wir sein können?

Ihr Umfeld kann Sie dabei runterziehen! Es kann Sie aber auch hochziehen. Ich möchte Ihnen eines sagen: Sie haben Potenzial! Sie haben unglaubliche Möglichkeiten, Talente und Fähigkeiten. Wie können Sie nur daran zweifeln? Sie können alles, wirklich alles schaffen im Leben. Jeder kann alles schaffen! Es kommt oft nur auf die Sichtweise an. Ist das Glas halb voll oder halb leer? Ist doch egal! Mein Rat an Sie: füllen Sie es auf.

Der Selbstzweifel ist normal, aber gefährlich. Wieso ist das so? Selbstzweifel hemmt, macht uns handlungsunfähig und führt zur Stagnation. Und Stagnation führt zu Resignation, Unmut und letzten Endes zum Aufgeben.

Sie müssen immer an sich glauben. Ihr Selbstwertgefühl kann nicht hoch genug sein. Denn Sie sind ein Mensch. Und Menschen sind wunderbar. Die Menschen haben schon so viel erreicht. Und Sie sind ein Mensch: mit einem Gehirn, einem starken Körper und einem noch stärkeren Geist.

Der Kampf gegen die Selbstzweifel ist der schwierigste Kampf im Leben, denn Sie zu gewinnen haben. „Jeder Anfang ist schwer.“, Sie kennen bestimmt das Sprichwort. Das ist doch völliger Quatsch! Der Anfang ist meistens das leichteste überhaupt. Einfach anfangen, Zack! Und schon geschafft.

Vielleicht widersprechen Sie mir jetzt. Ja, okay. Ich gebe es zu: Wer starke Selbstzweifel hat, der ist oft so gehemmt, dass er gar nicht er anfängt. Aber glauben Sie mir: Einfach machen! Durchstarten! Los geht’s.

Warum sage ich also, dass dieses Sprichwort Schwachsinn sei? Ganz einfach. Für mich ist der Anfang mittlerweile nie schwer. Ich fange einfach an. Fertig. Was ist daran schwer? Ich habe eine neue Geschäftsidee: Kein Problem, ich fange sofort an und setze sie um. Ich möchte ein neues Buch schreiben: Alles easy, einfach hinsetzen und schreiben. Ich muss mein Feld umgraben: Gar kein Thema, der erste Spatenstich ist doch einfach.

Was ich sagen möchte: Ich bin mittlerweile an einem Punkt, der mich sofort anfangen lässt. Ich denke nicht viel nach, einfach machen ist mein Motto. Das Problem an Plänen ist doch: Sie beschreiben ein mögliches Zukunftsszenario: genau eins! Wie wahrscheinlich ist es, dass genau dieses Szenario eintrifft? Einfache Antwort: Sehr, sehr unwahrscheinlich.

Ziele sind wichtig, Pläne nicht. Sie haben ein Ziel? Gut so! Gehen Sie einfach los. Pläne führen dazu, dass wir zu lange grübeln und Selbstzweifel bekommen, bevor wir überhaupt angefangen haben.

Um den Bogen zurück zu spannen: jeder Anfang ist schwer, ist Schwachsinn. Der Anfang ist das Einfachste. Alles was danach kommt, ist viel, viel schwieriger! Oder wollen Sie mir erzählen, dass der erste Spatenstich auf dem Acker schwerer ist als der 599? Sind Ihre Knochen und Muskeln nicht müder, wenn Sie sich bereits 5 Stunden lang abgerackert haben? Ein Unternehmen zu gründen ist einfach. Aber Ihre Produkte zu verkaufen und den Markteintritt zu schaffen schon viel schwieriger. Ein Projekt zu starten (z.B. einen ehrenamtlichen Verein zu gründen) ist gar nicht mal so schwer. Ehrenamtlich Engagierte zu finden und diese zu Vereinstätigkeiten zu motivieren ist schon wieder schwerer.

Die meisten Selbstzweifel stellen sich genau dann ein, wenn es für Sie am wichtigsten ist. Genau am Knackpunkt kommen Ihnen die Selbstzweifel! Da hilft nur eins: Gehen Sie die Extrameile. Machen Sie weiter. Und wenn Sie blockiert sind: trinken Sie einen Schluck Schnaps, das hilft manchmal…

Aber keine Angst: Dieses Buch ist keine Anleitung mit dem Titel: „Wie werde ich Alkoholiker innerhalb von 30 Tagen“.

Vielmehr lernen Sie in diesem Ratgeber wertvolle Tipps kennen, wie Sie Ihre Selbstzweifel ein für alle Mal loswerden. Sagen Sie noch heute Tschüss zu Ihren Selbstzweifeln. Treten Sie Ihnen in den Ar….

Ich habe eine Methode entwickelt, mit der Sie keine Selbstzweifel mehr haben werden. Und wenn Sie doch mal wieder auftreten, gebe ich Ihnen weitere Sofortmaßnahmen an die Hand, mit denen Sie Ihre Selbstzweifel im Keim ersticken werden. Auf was warten Sie also noch? Fangen wir jetzt gemeinsam an, Ihren Selbstzweifeln einen Strich durch die Rechnung zu machen!

2 Affirmation: Die Macht des Unbewussten

„Skeptizismus ist der Anfang des Glaubens.“ (Oscar Wilde)

Was ich Ihnen jetzt verrate, wird voraussichtlich Ihr ganzes Leben verändern. Vor allem aber funktioniert es!

Wenn Sie an sich zweifeln, hat dies oftmals mehrere Gründe. Vor allem aber trauen Sie sich selbst weniger zu, als Sie können.

Sie müssen erst Mal verstehen, dass Ihre Selbstzweifel nicht die Realität sind. Sondern ein nicht reales Konstrukt, welches Sie sich in Ihrem Kopf zusammendichten. Es ist nicht real. Sie vermuten etwas, aber diese Vermutung existiert einzig und allein in Ihrem Kopf.

Das Problem mit dem Verstand ist, dass er gar nicht so leicht bewusst zu steuern ist. Versuchen Sie, mal von jetzt auf gleich zu sagen: „So. Ich höre auf an mir zu zweifeln. Das war‘s. Ich denke nur noch positiv.“ Ich gebe Ihnen die Garantie: So läuft das nicht.

Warum zweifeln Sie also an sich selbst? Meistens zweifeln wir, weil wir in der Vergangenheit schlechte Erfahrungen gemacht haben und diese negativen Erfahrungen in die Zukunft fortschreiben. Dass dies rational betrachtet völliger Schwachsinn ist, muss ich Ihnen nicht sagen. Kein Mensch kann die Zukunft vorhersagen. Trotzdem schauen wir die ganze Zeit in unsere Glaskugel und versuchen zu bestimmen, was in ein paar Minuten, morgen oder in einer Woche passieren wird. So sind wir Menschen eben. Wir wollen Sicherheit und nur äußerst ungern wirklich neue Erfahrungen machen.

Wir sind unruhig und malen uns die schlimmsten Zukunftsszenarien aus. An unsere Leistungsfähigkeit glauben wir nicht mehr. Wir haben das Gefühl, unsere Talente zu begraben und dass Träume platzen.

In der Vergangenheit haben Sie zum Beispiel mal schlechte Erfahrungen bei einer Matheklausur gemacht. Trotz Lernen haben Sie lediglich eine 5 geschrieben. Sie waren sehr bedrückt. Vor der nächsten Klausur sind Sie jetzt schon aufgeregt. Negative Glaubenssätze machen sich breit. „Letztes Mal habe ich schon eine 5 geschrieben. Ich bin einfach schlecht in Mathe und habe kein Talent. Das wird wieder nichts. Was soll ich bloß machen?“

Negative Glaubenssätze sind gefährlich und führen langfristig zu massiven Selbstzweifeln. Wir reden uns ein, dass wir schlecht sind.

Jeder von uns hat Freunde, die es gut mit uns meinen. Dann versuchen Sie, uns Mut zuzusprechen. Wer kennt das nicht? Leider ist das Gegenteil von gut oftmals gut gemeint. Haben Sie schon mal folgende Sätze gehört?

- Das wird schon schief gehen
- Immer positiv denken
- Du hast doch viel gelernt. Das wird schon
- Ich bin mir sicher, dass Du es schaffst
- Du bist doch intelligent. Weiter so!

Doch warum läuft es uns bei diesen Sätzen oftmals eiskalt den Rücken herunter, obwohl es freundliche Nettigkeiten sind und diese wirklich nett gemeint sind? Ganz einfach: Sie stehen im krassen Gegensatz zu unseren persönlichen

Glaubenssätzen und unseren Selbstzweifeln. Auf der einen Seite steht der Freund: Er ist meistens sehr gut in dem, was er tut. Weil er an sich glaubt und seit eh und je gute Noten in Mathe hat, kommt er zu den obigen Schlussfolgerungen. Sie hingegen als angeblicher Mathelooser denken sich hingegen genau das Gegenteil:

- Das wird eine Katastrophe
- Es fühlt sich einfach nur beschissen an
- Ich habe viel gelernt und kann trotzdem nichts
- Ich bin mir sicher, dass ich versage
- Ich kann Mathe einfach nicht. Das ist nicht mein Talent

„Think positive!" ist ein nett gemeinter Rat. Er funktioniert nur nicht. Zumindest nicht sofort.

Was aber tun, wenn Sie die negativen Gedanken nicht aus Ihrem Kopf bekommen und voll von Selbstzweifeln sind? Sie merken einfach, dass Sie bewusst rein gar nichts dagegen tun können. Und hier kommt Ihr Joker. Ihr Ticket heraus aus der Misere. ARBEITEN SIE AN IHREM UNTERBEWUSSTSEIN! Das Ganze nennt sich AFFIRMATION. Was aber ist diese Affirmation. Ich fasse es für Sie in einigen wenigen Stichpunkten zusammen. Affirmation ist:

- Positives Denken
- Aktive Beeinflussung des Unterbewusstseins
- Bildung von positiven Glaubenssätzen
- Bestätigung Ihrer Talente
- Ein bejahendes Lebensmodell
- Andauernde und kontinuierliche Wiederholung

Sagen wir es mal so: Sie betrügen sich zu Beginn ein wenig selbst. Ist das schlimm? Nein, überhaupt nicht. Denn Affirmation ist das Gegenteil von Selbstzweifel. Es ist eine Selbstbeweihräucherung. Sie loben sich in den Himmel, feiern Ihre Talente und gaukeln sich zunächst selbst vor, dass Sie mehr können, als es der Fall ist. Wenn Sie sich schon Tag ein Tag aus selber betrügen (das tun Sie mit den Zweifeln doch eh schon), dann machen Sie es doch lieber richtig und ziehen Ihren Vorteil daraus.

Machen Sie sich nicht schlechter, als Sie sind. Machen Sie sich noch besser! Warum auch immer: Irgendwie schafft es der Mensch nur selten, ein nüchternes Zukunftsszenario zu entwickeln.

Meistens machen wir uns schlechter, als wir sind. Wahrscheinlich hat es damit zu tun, dass wir so Gefahren meiden und uns nicht unnötig gefährlichen Situationen aussetzen.

In Zeiten des Säbelzahntigers hat dies noch durchaus Sinn ergeben. Der Säbelzahntiger ist schneller, stärker und aggressiver: „Ich sollte keinen Kampf wagen. Ich werde verlieren."

Heutzutage werden Selbstzweifel von den meisten Menschen jedoch eher als hemmend empfunden. Eine Matheklausur kann uns nicht den Kopf von den Schultern reißen. Es ist ein verdammtes Stück Papier mit etwas schwarzer Tinte drauf. Also warum sollten wir bitte Angst haben?

Das Interessante an der Affirmation ist folgender Fakt: Aus einem anfänglichen Selbstbetrug wird nach und nach Realität. Am Anfang reden wir uns nur ein, dass wir etwa gut in Mathe sein. Nach einigen Monaten stellt sich aber ein interessanter Fakt ein: Wir werden tatsächlich besser und vielleicht sogar einmal richtig gut in Mathe! Das gilt für alle Bereiche des Lebens. Affirmation funktioniert. Leider funktioniert auch der Selbstzweifel, jedoch in die andere Richtung.

Affirmation zieht uns nach oben. Selbstzweifel nach unten. Dieses Buch ist keine wissenschaftliche Abhandlung. Ich möchte aber darauf hinweisen, dass wissenschaftliche Forschungsergebnisse bestätigen, dass Affirmation funktioniert.

Haben Sie schon Mal von einer selbsterfüllenden Prophezeiung gehört? Das ist eine Vorhersage, die über indirekte oder direkte Mechanismen ihre Erfüllung selbst bewirkt. Hierzu gibt es Forschungsergebnisse. Zum Beispiel wurden in eine Schulklasse 20 Kinder mit demselben IQ gesetzt. Dem Lehrer wurde allerdings absichtlich gesagt, dass zwei Kinder besonders hochbegabt sein und einen überdurchschnittlich hohen IQ hätten. Dem Lehrer wurden diese zwei Kinder per Namen genannt. Das war natürlich absoluter Unsinn, weil alle Kinder den gleichen IQ hatten. Der Lehrer wusste davon allerdings nichts.

Nach einem Jahr wurden die Noten der Schüler verglichen. Raten Sie mal, wer die beiden Klassenbesten waren? Richtig: Die zwei Schüler, mit dem angeblich überdurchschnittlichen IQ. Die Prophezeiung hat sich also selbst erfüllt.

Warum ist das so? Nun ja. Der Lehrer hatte die beiden Schüler übervorteilt, Sie mehr gefordert und gefördert als die anderen Kinder. Er ist seinen, wenn auch auf falschen Tatsachen beruhenden Glaubenssätzen, nachgegangen, und hat seinen Glauben zur Realität werden lassen.

Warum sollte es bei ihnen nicht genau so funktionieren? Reden Sie sich Ihre Genialität ein! Und Sie werden sehen: Sie werden genial werden. Bis zu 96 %! Unserer Handlungen erfolgen unterbewusst. Da ergibt es nur Sinn, dass wir unser Unterbewusstsein steuern sollten. Kein Wunder, dass wir mit unseren rationalen 4 % nicht viel ausrichten können. Unsere fest verankerten Glaubenssätze sind einfach viel zu stark.

Ich zeige Ihnen jetzt, was Sie tun müssen, damit Sie Ihr Unterbewusstsein beeinflussen und Ihre Selbstzweifel loswerden. Wie das geht, erfahren Sie jetzt!

3 Die acht Säulen der Affirmation

„Skeptizismus bedeutet nicht allein geistigen Zweifel, sondern auch sittlichen Zweifel, allerlei Unglauben, Unaufrichtigkeit, geistige Lähmung."

Säule 1: Der Fünfsatz der Gewinner

Affirmation hat sehr viel mit Wiederholung zu tun. Wir beeinflussen unser Unterbewusstsein, indem wir immer und immer wieder mit denselben Informationen nähren.

Der Fünfsatz der Gewinner ist eine leichte Übung, die jedoch viel Disziplin erfordert. Suchen Sie sich fünf Charaktereigenschaften und Eigenschaften heraus, die Sie gerne besitzen würden. Dann formulieren Sie einen Satz, den Sie morgens und abends genau zehnmal wiederholen. Hierbei sollten Sie in den Spiegel schauen.

Ein Beispiel: Sie wissen, welche Charaktereigenschaften Sie gerne besitzen würden. Also formulieren folgendes Mantra: „Ich bin stark, fit, authentisch, erfolgreich und furchtlos." Wiederholen Sie diesen Fünfsatz jeden Morgen und jeden Abend mindestens zehnmal vor Ihrem Spiegel. Sprechen Sie den Satz laut aus. Das ist ganz wichtig, damit Sie möglichst viele Sinne mit einbeziehen.

Wählen Sie die fünf Charaktereigenschaften aus, die Sie unbedingt besitzen wollen.

Säule 2: Das Affirmationsbuch

Kaufen Sie sich ein Notizbuch. Schreiben Sie in dieses Notizbuch Ihre großen Ziele und Träume. Die Formulierung ist wichtig. Sie sollten keine Wünsche äußern, sondern vielmehr die Sätze so formulieren, als ob Sie Ihre Träume und Ziele bereits erreicht haben. Wenn Ihr Ziel zum Beispiel ist: „Ich würde gerne irgendwann einmal einen Bestsellerroman schreiben", wählen Sie eine andere Formulierung. Sie schreiben am besten folgendes auf: „Ich bin ein Bestsellerautor." Oder „Ich bin ein Profisportler und laufe unter 10 Sekunden auf 100 Meter." Sie müssen Ihr Unterbewusstsein manipulieren. Gaukeln Sie ihm vor, dass Sie bereits jetzt erfolgreich sind. Sie werden sehen: So werden Ihre Träume und Ziele schneller Realität, als Sie es sich vorstellen können. Stöbern Sie jeden Morgen und jeden Abend in Ihrem Affirmationsbuch. Schreiben Sie neue Träume und Ziele bei Gelegenheit auf. Es wird sich für Sie lohnen.

Säule 3: Die Playlist der guten Gefühle und der Motivation

Stellen Sie sich eine Musikplaylist mit motivierenden und positiven Songs zusammen. Hören Sie täglich ein paar Songs aus dieser Playlists. Die Songs sollten sowohl auf der lyrischen Ebene (Songtext) als auch auf der musischen Ebene positive Emotionen bei Ihnen hervorrufen.

Säule 4: Das Visionboard der Träume

Sie haben Sie sich Träume und Ziele bereits aufgeschrieben. Aber ganz entscheidend ist es, dass Sie Ihre Träume und Ziele bereits spüren. Sie müssen vor Ihrem geistigen Auge wie ein Film ablaufen. Visualisieren Sie Ihre Träume und Ziele! Früher hat man dazu Collage gesagt. Visionboard klingt aber viel cooler und ist zugegebenermaßen treffender. Visualisieren Sie Ihre Vision! Schneiden Sie sich passende Bilder aus Magazinen aus und kleben Sie diese auf eine Tafel. Diese Tafel hängen Sie sich am besten in Ihr Wohnzimmer oder an einen Ort, an dem Sie sich oft aufhalten. Es eignet sich auch eine Magnettafel. Hier können schnell neue Träume, Visionen und Ziele hinzukommen. Jedes Mal, wenn Sie auf Ihr Visionboard schauen, sollte in Ihnen ein Gefühl von tiefster Zufriedenheit und Seelenruhe aufkommen. Stellen Sie sich vor: Das habe ich alles schon geschafft, Wahnsinn. Das ist alles Meins! Und Sie werden sehen: Früher oder später werden Sie Ihre Träume und Ziele erreichen.

Säule 5: Die Morgenmeditation

Stehen Sie früh auf. Sie sollten sich für Ihre Morgenroutine mindestens eine Stunde Zeit nehmen. Mit Morgenroutine ist hier nicht Zähneputzen und Frühstücken gemeint, sondern alle Tätigkeiten in Bezug auf Ihre Affirmation. Ein großer Bestandteil ist die morgendliche Meditation. Jeden Morgen sollten Sie sich mindestens 20 Minuten Zeit nehmen, um zu meditieren. Dies klärt Ihren Geist auf und lässt sich empfänglich für Ihre positiven Gedanken werden. Die meisten Menschen sind morgens unklar und verwirrt. Sie müssen diesen Geisteszustand schnellstmöglich verlassen und eine Basis für Ihre weitere Affirmation schaffen. Deswegen ist die Morgenmeditation das erste Ritual, welches Sie morgens durchführen sollten: Gefolgt von dem Fünfsatz der Gewinner, dem Visionboard und dem Affirmationstagebuch.

Säule 6: Ihre Inspirationsquelle

Sie benötigen eine Inspirationsquelle. Am besten eignen sich hierfür Vorbilder. Wer hat schon alles erreicht, was Sie gerne erreichen möchten? Wer ist Ihr großes Vorbild? Mit wem würden Sie gerne tauschen? Beantworten Sie in Ruhe diese Fragen und kommen Sie zu einem Ergebnis. Die Person, die Sie jetzt vor Ihrem geistigen Auge sehen, ist Ihre Inspirationsquelle. Versuchen Sie möglichst viel über diese Person zu erfahren? Welches Hobbys hat diese Person? Was zieht Ihr Vorbild an? Womit verbringt Ihr Vorbild seine Freizeit?

Was ist sein Lieblingsparfum? Und so weiter und so weiter.

Wieso ist das wichtig? Je mehr Sie wissen, desto mehr können Sie imitieren. Holen Sie sich Ihre Inspirationen von Ihrem Vorbild und streben Sie nach einem ähnlichen Leben.

Säule 7: Dankbarkeit als Schlüssel zum Erfolg

Bedanken Sie sich jeden Tag für Ihre Erfolge, mögen diese auch noch so klein sein. Jedes Mal, wenn Sie Ihren Träumen und Zielen einen Schritt näher gekommen sind, bedanken Sie sich dafür. Wieso sollten Sie das tun? Sobald Sie sich für etwas bedanken, werden bei Ihnen Glücksgefühle hervorgerufen. Sie haben positive Gedanken. Und positive Gedanken ziehen weitere positive Gedanken an. Nur wer positiv denkt, wird auf Dauer seine Selbstzweifel besiegen und ein erfülltes Leben führen können. Dankbarkeit ist der Schlüssel zum Erfolg.

Säule 8: Wissen umsetzen und handeln

Ein ganz wichtiger Punkt: Sie müssen Ihr Wissen und Ihre Glaubenssätze mit echtem Leben füllen. Nur angewandtes Wissen besitzt das Potenzial, Ihr Leben zu verändern. Sie können jeden Tag nur der Beste werden, der Sie seien können, wenn Sie handeln! Tun Sie alles dafür, dass Ihre Affirmationen Realität werden. Werden Sie nicht müde, anzufangen, Dinge auszuprobieren und Ihre Ziele und Träume aktiv zu verfolgen. Sie schaffen das! Davon bin ich überzeugt.

4 Utopie und Fantasie entwickeln

„Die utopischen Träume sind oft nur vorzeitige Wahrheiten." (Alphonse de Lamartine)

Wir Menschen neigen oftmals dazu, manche Dinge viel zu rational zu betrachten. Doch gerade diese Rationalität hemmt uns unnötig und führt oft zu großen Selbstzweifeln. Unsere Rationalität ist oft auf unseren Erfahrungen geerdet. Das bedeutet, dass unsere Realität, wie wir sie wahrnehmen, nur eine Realität von vielen ist.

Wir setzen uns also unnötig Grenzen im Kopf, die es eigentlich gar nicht gibt. Unser Realismus ist in Wirklichkeit gar keiner, sondern vielmehr ein Selbstzweifel.

„Ich bin nur realistisch. Das kann gar nichts werden!", ist ein oft gesagter Satz. Wir machen uns unnötig klein und schwach. Sie müssen lernen, aus Ihrer Realität auszubrechen und frei zu denken: Werden Sie ein Utopist und Fantast!

In der Utopie und in Ihrer Fantasie geschehen Dinge, von denen Sie normalerweise lediglich träumen können. Sind Sie im Traum schon mal geflogen? Hatten Sie Superheldenfähigkeiten? Haben Sie unrealistisches erreicht?

Ich habe gestern zum Beispiel geträumt, dass ich auf einem Rockfestival war. Die bekannte Metalband hatte keinen Gitarristen dabei. Also bin ich auf die Bühne gegangen, habe mir die Gitarre geschnappt und zu den Jungs gesagt: „Ich mach das jetzt, keine Angst!“. „Alles klar, wir stellen Deine Gitarre leiser und lassen Playback laufen. Hauptsache Du machst eine gute Show!“ Und wissen Sie was? Ich habe die Bühne gerockt! Die Crowd hat gefeiert. Im echten Leben bin ich alles andere als ein Rockstar und meine rudimentären Gitarrenkenntnisse beschränken sich auf die Grundakkorde. Trotzdem stand ich auf dieser Bühne vor tausenden Leuten und habe das Festival gerockt. Das war eine wahnsinnige Erfahrung: wenn auch nur im Traum.

Sie müssen lernen, in Ihrer Realität zu träumen. In Zukunftswerkstätten können Sie lernen, Ihre utopischen Visionen und Träume zu entwickeln. Sie können damit aber schon zu Hause beginnen.

Wichtig ist, dass Sie offen für Neues sind und ein Visionär werden. Die Ideen können noch so unsinnig, realitätsfremd und bescheuert sein. Verwerfen Sie Ihre Ideen nicht. Schreiben Sie diese auf. Es kann helfen, Ihre Träume aufzuschreiben. Warum ergibt das Sinn?

Jedem Traum und jeder Idee, auch wenn sie noch so verrückt ist, lässt sich etwas Positives abgewinnen. Finden Sie diese positiven und belebenden Passagen in Ihren Visionen. Markieren Sie diese farbig und überlegen Sie, wie Sie diese Spinnereien in die Realität übertragen können.

Verbinden Sie das Neue, Irre und Absurde mit dem Altbewährten, Konservativen und Etablierten.

Was hat das alles mit Selbstzweifel zu tun? Sie lernen, öfters „Ja“ zu Dingen zu sagen. Sie sehen das Positive und die Chancen, die sich vor Ihnen auftun. Nichts ist schlimmer, als ein frustrierter und gescheiterter Nörgler zu sein. Wollen Sie wirklich so werden? Erst kommt der Selbstzweifel, dann der nörgelnde Sauertopf. Es gärt in Ihnen, Ihre Zweifel schäumen irgendwann über. Negative Glaubenssätze haben das Ruder übernommen.

Lassen Sie dies nicht zu. Entdecken Sie Ihre kindliche Leichtigkeit wieder. Fangen Sie an zu träumen, zu visualisieren und zu spinnen. Entwickeln Sie Visionen, Träume und Utopien. Je mehr Sie sich mit der Zukunft beschäftigen, desto mehr können Sie diese mitbestimmen. Hierfür benötigen Sie allerdings Träume und Ziele.

„Think big!“ lässt sich noch erweitern. „Think big and unrealistic!“ sollte Ihr Motto sein.

5 Raus aus der Komfortzone – Grenzen übertreten

„Alle Grenzen sind bloß des Übersteigens wegen da." (Georg Philipp Friedrich Leopold Freiherr von Hardenberg)

Wir Menschen fühlen uns am besten in unserer Komfortzone. Doch was ist diese sogenannte Komfortzone? Es ist der Bereich, den wir in und auswendig kennen. Alles was Alltag ist, ist gleichzeitig Komfortzone.

Komfortzone ist also nicht automatisch alles, was uns besonders Spaß macht. In unserer Komfortzone befindet sich jedoch alles, was uns bequem oder zumindest relativ sicher erscheint. Die Komfortzone ist geprägt durch Routine, Gewohnheit und altbekannten Gegebenheiten.

Wenn wir unsere Morgenroutine verrichten, machen wir dies im Rahmen unserer Komfortzone. Der alltägliche Weg zur Arbeit, der Job an sich und der Nachhauseweg befinden sich in dieser Zone. Am Abend essen wir noch eine Kleinigkeit, gehen vielleicht zum Abendsport oder schauen Fernsehen. Das alles ist Alltag, das alles ist Komfortzone.

Der Alltag gibt uns Sicherheit. Die Routine lässt uns Dinge tun, ohne darüber lange nachdenken zu müssen. Das ist vollkommen in Ordnung. Allerdings bringt das Leben in der Komfortzone Nachteile mit sich.

Wenn Sie immer in Ihrer Komfortzone leben, werden sie unflexibel. Die kleinste Änderung an Ihrem Alltagsgeschehen kann dazu führen, dass Sie Ihre Komfortzone verlassen müssen und Sie sich dann nicht mehr wohlfühlen.

Das Problem hierbei ist, dass sich zu der Unsicherheit Selbstzweifel dazu gesellen. Woher wissen Sie aber, ob Sie sich innerhalb der Komfortzone befinden oder diese gerade verlassen? Es gibt einige Merkmale, die gewöhnlicher weiße für Ihre Komfortzone sprechen. Wenn sie diese Merkmale wahrnehmen, befinden Sie sich gerade mit hoher Wahrscheinlichkeit in Ihrer Komfortzone:

- Tätigkeiten passieren fast automatisch
- Langeweile stellt sich ein

- Sie denken nicht über Ihre Handlungen nach
- Alles geht ihnen mit Leichtigkeit von der Hand
- Sie haben die Tätigkeit schon hundert Mal gemacht
- Sie spüren keinerlei Spannung bei der Verrichtung der Sache

Warum ist es wichtig, diese Komfortzone von Zeit zu Zeit zu verlassen? Ganz einfach: Am Anfang ist unsere Komfortzone nur sehr klein. Unser Raum, indem wir uns wohlfühlen, ist ziemlich mickrig. Er kann sich räumlich sogar nur auf unsere Wohnung, unser Viertel oder unsere Stadt beschränken.

Sobald wir unsere Komfortzone verlassen, begeben wir uns auf unbekanntes Gebiet. Dies ist aber essenziell! Sie müssen Grenzen überschreiten, um Land zu gewinnen und Ihre Komfortzone nach und nach auszuweiten. Hierbei geht es nicht nur um einen räumlichen Landgewinn. Vielmehr geht es um den Ausbau Ihrer Fähigkeiten und Fertigkeiten. Nur so können Sie langfristig Ihren Selbstzweifeln proaktiv begegnen: Dehnen Sie Ihre Komfortzone aus.

Trainieren Sie Ihre Fähigkeiten und Fertigkeiten. Wachsen Sie!

Anbei einige Beispiele, wie Sie Ihre Komfortzone verlassen können:

- Sportliche Aktivitäten und Ziele: Marathon, Wanderung, neue Sportart lernen, Krafttraining
- Musische Aktivitäten und Ziele: Neues Instrument lernen, Buch schreiben, Malen lernen
- Berufliche Projekte und Ziele: Beförderung, Jobwechsel, Existenzgründung
- Zwischenmenschliche Veränderungen: Neue Freunde treffen, Vereinen beitreten
- Räumliche Veränderungen: Fernreisen, andere Kontinente erkunden

Diese Aktivitäten sind nur als Beispiele gedacht.

Denken Sie nach: Was schränkt Sie in Ihrem Leben ein? Welche Grenzen würden Sie gerne übertreten? Wo haben Sie das Gefühl, dass Sie Ihre Ängste und Zweifel zurückhalten? Dangen Sie genau hieran an zu arbeiten. Gehen Sie die Extrameile und Risiken ein. Werden Sie größer, wachsen Sie, stoßen Sie an Ihre Grenzen. Irgendwann werden Sie diese übertreten.

Was ganz wichtig ist: Setzen Sie einen Schritt vor den anderen. Jeder Schritt ist im wahrsten Sinne des Wortes ein Fortschritt. Er bringt Sie weiter. Richten Sie den Blick nach vorne und gehen Sie einfach los. Je größer Ihre Komfortzone ist, desto schöner wird Ihr Leben.

Manche Menschen denken, dass Sie Berge versetzen müssen. Fangen Sie jedoch mit den kleinen Dingen an. Viele Menschen haben zum Beispiel Angst, in einer Großstadt Auto zu fahren. Das größte Problem: „Finde ich einen Parkplatz? Wie soll das mit dem Einparken denn klappen?“

Es wäre jetzt schon eine große Überwindung für Sie, mit dem Auto in die Stadt zu fahren. Sie können jetzt ins kalte Wasser springen und dies tun. Eine klügere Möglichkeit wäre zum Beispiel, erst mal das Einparken richtig zu lernen. Was spricht dagegen, noch drei Fahrstunden in der Fahrschule zu nehmen? Und zwar im Stadtverkehr? Das Geld ist gut investiert. Und vor allem: Sie verlassen Ihre Komfortzone.

Um ein Missverständnis zu beseitigen: Wenn Sie niemals vorhaben, mit dem Auto in die Stadt zu fahren und Sie dies nicht belastet, wäre es Zeitverschwendung, Ihren Komfortbereich in diese Richtung auszuweiten. Arbeiten Sie an den Bereichen, die Sie in Ihrem Alltag hemmen. Gehen Sie die Extrameile! Es lohnt sich!

6 Erfolge feiern und genießen

„Ein Leben ohne Feste ist wie eine lange Wanderung ohne Einkehr.“ (Demokrit)

Sie überschreiten Grenzen. Sie holen das Äußerste aus sich heraus und stellen sich jeden Tag Ihren Selbstzweifeln. Sie erreichen Ihre Ziele und leisten Außerordentliches: Das gilt es zu feiern! Warum sollten Sie immer feiern, wenn Sie ein großes Ziel erreicht haben? Ich nenne Ihnen einige wichtige Gründe, weswegen das Feiern von Erfolgen und Erreichen von Zielen von so großer Bedeutung ist. Arbeiten Sie ruhig sechs Tage die Woche an sich. Aber vergessen Sie nicht, am siebten Tag zu feiern.

Feiern und Genießen ist aus folgenden Gründen wichtig:

1.) Ihr Gehirn stellt die direkte Verknüpfung zwischen der Leistung und der Belohnung her. Es versteht, dass es für die Erreichung des Zieles belohnt wird. Das führt dazu, dass Ihr Geist öfters Feiern möchte. Sie werden alles Erdenkliche unternehmen, damit Sie weiterhin einen Grund zum Feiern haben: Sie kanalisieren Ihre gesamte Energie auf die Erreichung Ihrer Ziele!

2.) Wer vom ganzen Herzen feiert, der zweifelt nicht. Feiern löst positive Emotionen und Gefühle aus. Sie genießen Ihren Erfolg. Da bleibt kein Raum für Selbstzweifel

3.) Feiern macht einfach Spaß. Es ist Ihre Bestätigung: Sie haben es geschafft! Heute ist Ihr großer Tag. Schalten Sie ab und lassen Sie sich gehen. Sie haben es sich verdient.

Jeder Mensch feiert unterschiedlich. Aber jede „Feier“ sollte einige der folgenden Aspekte aufweisen, damit Ihr Unterbewusstsein die Feier als eine Belohnung wahrnimmt.

1.) Die Feier sollte etwas Besonderes sein, das sich sichtlich vom Alltag abhebt.

2.) Es sollte sich für Sie wie eine Belohnung anfühlen.

3.) Es sollte einen einmaligen Charakter haben und nicht zu oft wiederholt werden.

4.) Es muss Ihnen Spaß machen.

Für den einen sind ein guter Rotwein und eine Zigarre seine ganz persönliche Feier. Für den anderen ist ein Wellnessaufenthalt mit Ganzkörpermassage die richtige Belohnung. Wieder ein anderer geht lieber mit seinen Freunden in einen Club feiern. Es gibt hier kein richtig oder falsch. Genießen Sie Ihr Leben. Es fühlt sich einfach gut an, erfolgreich zu sein. Feiern verstärkt Positives! Ihr Unterbewusstsein stellt sich auf den Erfolg ein. Es verlernt mit der Zeit zu zweifeln, weil Sie Ihrem Unterbewusstsein immer wieder zeigen: Ich hab's drauf!

7 Don't listen to the Naysayers

„Untergangspropheten, die vom Pessimismus leben – und gar nicht schlecht – empfinden jede Art von Zuversicht zwangsläufig als Existenzbedrohung." (Bob Hope)

Haben Sie schon Mal einen F*ck gegeben? Nein? Dann sollten Sie das unbedingt mal tun. „Das kann er doch nicht machen!", höre ich es in der Menge raunen. „Leute, Ihr habt ja keine Ahnung, was ich alles kann!", denke ich mir.

Kennen Sie diese Situationen: Sie haben überhaupt keinen Bock auf etwas, aber Sie können einfach nicht „Nein!" sagen. Denn Sie haben Angst davor, die Erwartungen anderer Menschen nicht erfüllen zu können. Aber ist das wirklich Ihr Ernst? Wollen Sie wirklich jedes Mal erst die Erwartungen anderer Menschen erfüllen, als Ihre eigenen Bedürfnisse zu befrieden? Können Sie machen, aber dann wird das ziemlich anstrengend.

In der Masse mitzulaufen erfordert keinen Mut. Maßnahmen anderer Leute auszuführen ist einfach. Aber langweilig. Und Sie verharren, stagnieren und bekommen Selbstzweifel.

Denn mit den Erwartungen anderer Leute an Sie ist das doch so eine Sache. Die Erwartungen anderer Menschen an einen selber ändern sich schneller, als die Ebbe auf die Flut folgt. Und Sie stecken mitten drin. Mal entscheiden Sie so, mal wieder so.

„Hallo! Aufwachen!“

Wollen Sie wirklich die Erwartungen anderer Menschen erfüllen? Sie sind es sich selber schuldig, zuerst Ihre eigenen Bedürfnisse zu stillen. Nur wer mit sich selbst glücklich und zufrieden ist, kann diese positive Energie auf andere Menschen überstrahlen lassen.

Und jetzt kommt immer wieder der beste Spruch: „Das kann er doch nicht machen!“ „Das ist unmöglich!“ „Was? Das hat er gemacht?“ „Nein, das schafft er niemals!“

Hören Sie den kleinen Mann? Oder die vielen kleinen Männer? Wie sie gemeinsam einen Zwergenaufstand fabrizieren und einfach nicht bereit sind für einen echten Leader? Für einen

Menschen, der weiß, was er will und wie er es bekommt?

Die kleinen Stimmen: „Das sind die NAYSAYERS!" Arnold Schwarzenegger sagte einmal: „Don't listen to the NAYSAYERS!" Höre nicht auf die Neinsager! Ein kleiner Junge aus einem kleinen Dorf in der Steiermark hat einen F*ck gegeben. Und was hat er geschafft. Ziemlich viel: Mister Universe, Hollywoodschauspieler und Gouverneur von Kalifornien. Wenn das mal nicht unglaublich ist.

Warum sollten Sie auf Stimmen hören, die nichts als Zweifeln? Kleine Zwergenstimmen äußern sich oft gleichermaßen. Wenn Sie folgende Dinge hören, wissen Sie, dass Sie gerade einem Naysayer zuhören:

- Das kannst Du doch nicht machen
- Das schafft Du niemals
- Du befindest Dich gerade auf einem Höhenflug
- Du hast jede Bodenhaftung verloren
- Du solltest Dir lieber einen normalen Job suchen
- Das kann nicht gut gehen
- Ich habe ein schlechtes Gefühl bei der Sache

- An Deiner Stelle würde ich das nicht machen
- Ich habe Dir gleich gesagt, dass das nichts wird

Warum ist es schlimm, mit solchen Menschen zu verkehren? Eigentlich ist es gar nicht schlimm. Man muss nur lernen, die Selbstzweifel der Leute nicht zu adaptieren. Fast alle Menschen sind so. Sie folgen lieber, als zu führen. Sie halten Ihre Träume absichtlich klein, verstecken sich hinter Ihren Fehlern und suhlen sich in den Misserfolgen anderer, ohne jemals im Leben selber etwas Außergewöhnliches versucht zu haben.

Das macht traurig. So traurig. Das Selbstwertgefühl ist am Boden, die Selbstzweifel übernehmen das Ruder.

Höre nicht auf diese Leute! Diese Leute haben in Ihrem ganzen Leben noch nie, wirklich nie etwas Außergewöhnliches versucht! Ich habe in meinem kurzen Leben viele herausragende und erfolgreiche Unternehmer kennengelernt. Einigen von ihnen habe ich von meinen Projekten und Geschäftsideen berichtet. Und wissen Sie, was stets Außergewöhnlich an diesen Menschen war? Sie haben immer folgendes gesagt: „Ja, das hört sich gut an. Das kann klappen! Mach weiter, immer dran bleiben. Und wenn es damit nichts wird, dann eben mit Deiner nächsten Idee! Weiter so!“

Was ist diese Charaktereigenschaft: UNBEGRENZTER OPTIMISMUS! Grenzenloses Vertrauen in die Leistungsfähigkeit des Menschen. Gewinner fördern die Talente junger Menschen. Sie erkennen das Wichtigste: Motivation, Tatendrang und Selbstvertrauen.

Natürlich waren viele meiner Ideen im Nachhinein betrachtet totaler Mist. Aber hey, ich bin die Wege gegangen, habe mir die Möglichkeiten angeschaut, ausprobiert, bin mehrmals gescheitert: Aber ich habe Erfahrungen gemacht. Viele Unternehmer hätten mir die Ideen ausreden können. Aber ein echter YES-SAYER weiß eben: Lasst die Jungs Ihre eigenen Erfahrungen machen. Nur aus Fehlern kann man lernen. Fehler sind gut, Fehler sind wichtig für den Entwicklungsprozess des Menschen.

In der Schule wird immer noch so getan, als ob Fehler etwas Schlimmes sein: Setzen! 6! Einfach nur furchtbar. Wir züchten uns mit dem

Schulsystem eine Horde negativer Naysayers heran. Ohne eigene Meinung, ohne Selbstvertrauen und mit jeder Menge Selbstzweifel. Das schmerzt mir in meinem Herzen.

Wie schaffen wir es aber, die Selbstzweifel der Neinsager nicht zu adaptieren? Es gibt mehrere Strategien und Maßnahmen, mit denen wir den negativen und zerstörerischen Gedanken entgegentreten können. Gedanken wirken oft auf verschiedenen Ebenen. Sie berühren unseren Verstand und unser Herz. Sie beeinflussen unsere Hand. Wie wir denken, fühlen und handeln.

Zu aller erst ist es wichtig, uns das bewusst zu machen.

Sie werden beeinflusst durch andere Menschen!

Das klingt banal, ist aber der erste Schritt. Nur wenn Sie sich wirklich bewusst machen, dass Sie durch andere Menschen beeinflusst werden, können Sie angemessen reagieren.

Was bedeutet das für Sie? Ihre Strategie kann sich gegenüber den Naysayers in drei Phasen untergliedern:

Phase 1: Studieren

Phase 2: Reagieren

Phase 3: Agieren

In der ersten Phase geht es um das **Studieren des Gegenübers**. Konzentrieren Sie sich darauf, Naysayers und Ihre Aussagen zu enttarnen. Oftmals ist Ihnen gar nicht bewusst, wie destruktiv und negativ sich die Gedanken und Aussagen unserer Gesprächspartner auf uns auswirken. Das mündet dann später oft in Selbstzweifel bei Ihnen.

„Don't listen to the Naysayers" heißt für mich folgendes:

1.) In Ihrem nächsten Gespräch achten Sie konzentriert auf die Aussagen Ihres Gegenübers. Sagt Ihr Gesprächspartner einer der oben aufgeführten Naysayer-Floskeln? Verhält er sich destruktiv und äußert vernichtende, gewaltvolle Kritik?

2.) Wenn ja: Hören Sie tief in sich hinein: Was löst das bei Ihnen aus? Wie fühlen Sie sich dabei? Welche Gedanken kommen Ihnen in den Kopf? Spüren Sie Unbehagen, Wut oder Angst?

3.) Beantworten Sie folgende Fragen: „Wer bist du überhaupt, dass du über mich urteilen kannst?

Wie viel weißt du über mich? Will ich Dir die Chance geben, so viel Macht über mich zu haben?" Beantworten Sie diese Fragen für sich selbst.

4.) Wiederholen Sie sich folgendes mehrmals im Kopf: „Du hast die Selbstzweifel, nicht Ich. Ich schaffe das, denn ich bin stark, selbstbewusst, mutig, erfolgreich, furchtlos und authentisch."

5.) Schauen und Hören Sie sich Ihren Gesprächspartner genau an. Sein Gesicht, seine Wortwahl, seine Gestik. Stellen Sie sich vor, dass Sie auf dem Siegertreppchen stehen (Erster Platz!) und Ihr Gegenüber wurde letzter und schaut neidisch zu Ihnen hoch. Stellen Sie sich mental über den Naysayer.

6.) Jetzt sind Sie bereit für eine Reaktion. Zu einer Reaktion, mit der Ihr Gegenüber sicherlich nicht rechnen wird. Es geht hier nicht darum, Ihren Gesprächspartner fertig zu machen. Es geht hierbei lediglich um SIE! Sie müssen Ihr Selbstbewusstsein stärken, Ihre Ziele fokussieren und Ihre Träume verwirklichen. Lassen Sie sich nicht durch Zweifler und Naysayer herunterziehen.

In der zweiten Phase müssen Sie reagieren. Warum sage ich müssen: Weil es entscheidend ist.

Wenn Sie nicht reagieren, werden Sie Ihren Mund halten und den Konflikt mit sich selber austragen. Vielleicht nicht gleich, aber in einigen Stunden oder Tagen. Kennen Sie nicht das Gefühl, sich über Nichtgesagtes zu ärgern? Dann fallen Sätze wie: „Hätte ich mich doch nur getraut ihm das zu sagen…“ oder „Wäre mir das nur früher eingefallen…“ Leider führen solche Gedankengänge oft zu noch mehr Selbstzweifeln. „Vielleicht hatte er ja doch Recht. So gut bin ich wirklich nicht.“ Oder „Irgendwas ist schon dran an dem, was Sie zu mir gesagt hat“.

Sind Sie sich da so sicher? Ich mir nicht. Ich glaube vielmehr, dass Sie es verpasst haben, in der Situation angemessen zu reagieren und Ihren Konflikt auszutragen. Sie sitzen jetzt lieber zu Hause und suhlen sich in Ihren Selbstzweifeln, weil man von sich selber ja oftmals nur wenig Kontra bekommt. Ganz im Gegenteil: Wir bestärken uns noch in unseren Gedanken und nähren unseren Selbstzweifel. Lesen Sie mal ein Buch zum Thema Selbsterfüllende Prophezeiung. Sowas kann fatal enden. Ihre schlimmsten Befürchtungen werden Realität, weil Sie sich nur noch auf Ihre negativen

Gedanken fokussieren und nach destruktiven Glaubenssätzen handeln.

Also reagieren Sie auf das Naysayer-Bullshit-Bingo mit einem Yessayer-Realtalk-Bingo. Es ist so einfach. Glauben Sie mir. Niemand rechnet damit, dass Sie die Bedenken des Gegenübers einfach vom Tisch wischen. Wie ein nasser Lappen mit etwas Spüli, der den Dreck mit einem einzigen Wisch entfernt.

Sie haben sich einige Minuten das Bullshitbingo Ihres Gegenübers angehört. Jetzt müssen Sie vor allem eines sein: direkt, authentisch und schlagfertig. Das lernt man nicht von heute auf morgen, aber Übung macht bekanntlich den Meister.

Schauen Sie Ihrem Gegenüber von Ihrem Siegertreppchen tief in die Augen und beginnen Sie zu sprechen. Machen Sie ihm klar, dass Sie völlig anderer Meinung sind. Vielleicht wirken Sie nach dem Gespräch arrogant. Nehmen Sie das billigend in Kauf. You are not everybodys Darling. Who cares? Denken Sie sich folgendes: Ich bin doch nur ein Spiegel.

Anbei einige Sätze aus dem Yessayer-Realtalk-Bingo, mit dem Sie die Naysayer nass machen. Die Sätze sind nur als Anregung gedacht. Wichtig ist vor allem: Reagieren Sie! Halten Sie der hässlichen Fratze den Spiegel vor. Wieso sollten Sie den Anblick ertragen müssen? Spiegeln Sie das Hässliche zurück:

- Das kannst Du doch nicht machen

„Ich verstehe sehr gut, dass Du Bedenken hast. Ich denke, das rührt daher, dass Du noch nie etwas in dieser Art versucht hast. Das kann ich sehr gut nachvollziehen. Aber glaube mir, es geht. Ich habe es einfach gemacht. Es war fantastisch. Du solltest es auch mal probieren!"

- Das schaffst Du niemals

„Ich kann Deine Zweifel sehr gut nachvollziehen. Wäre ich an Deiner Stelle, würde ich sicherlich genauso denken. Ich bin mir ganz sicher, dass ich es schaffen werde."

- Du befindest dich gerade auf einem Höhenflug

„Kann es sein, dass es bei Dir gerade nicht so gut läuft? Das tut mir dann wirklich leid für dich, wenn ich mit der Behauptung richtig liegen sollte. Bei mir läuft es gerade wirklich ziemlich gut. Ich würde mir wirklich für dich wünschen, dass Du auch bald Erfolg hast und dich traust, Deine Projekte zu verfolgen."

- Du hast jede Bodenhaftung verloren

„Nur wer Angst hat vorm Fliegen, muss ein ganzes Leben lang kriechen."

- Du solltest Dir lieber einen normalen Job suchen

„Ich freue mich wirklich für dich, dass du in Deinem normalen Job so wahnsinnig glücklich bist. Das ist wirklich toll für dich, echt klasse! Mach weiter so. Gut, dass du Deine Tipps selber befolgst."

- Das kann nicht gut gehen

„Das kann ich mir bei Dir auch vorstellen, dass das nichts werden würde, wenn du dieses Projekt machen würdest. Da hast du Recht. Es ist nicht Dein Ding."

- Ich habe ein schlechtes Gefühl bei der Sache

„Natürlich hast du ein schlechtes Gefühl bei der Sache. Das hätte ich an Deiner Stelle auch, ganz ehrlich. Zum Glück mache aber ich das Projekt und nicht Du."

- An Deiner Stelle würde ich das nicht machen

„Zum Glück! Ich finde das gut, dass du erkennst, wo Deine Grenzen sind. Ich kann mir auch nicht vorstellen, dass du erfolgreich mit dieser Geschäftsidee sein würdest."

- Ich habe Dir gleich gesagt, dass das nichts wird

„Stimmt, ich kann mich erinnern. Eigentlich sagst du immer so etwas in der Art. Das liegt wahrscheinlich daran, dass du in Deinem Leben schon so viele schlechte Erfahrungen gemacht hast. Das kann ich nachvollziehen und tut mir Leid für dich. Vielleicht klappt es ja beim nächsten Mal?“

Finden Sie die Antworten asozial? Ja, das sind Sie. Aber denken Sie mal darüber nach: Verdienen asoziale Fragen und Aussagen nicht asoziale Antworten und Reaktionen? Wollen Sie wirklich immer Ihren Schwanz einziehen und die Konflikte mit sich selber austragen? Hauen Sie mal so einen Spruch raus: Es fühlt sich wahnsinnig gut an. Sie werden sich noch tagelang dafür feiern, versprochen! Sie haben Kanten und Ecken. Zeigen Sie das. Nachdem Sie reagiert haben, gehen Sie in das Agieren.

In der dritten Phase werden Sie aktiv und agieren. Sie haben jetzt das Ruder in der Hand und bestimmen, wo Sie hinfahren.

Aber machen Sie sie eins bewusst: Das vorherige „Gespräch“ können Sie jetzt vergessen. Wieso weiter mit einem Naysayer reden? Das raubt nur Kraft und Energie. Lieber umdrehen und gehen. Wenden Sie sich lieber positiven Menschen zu.

Ziehen Sie sich hoch. Lassen Sie sich nicht herunterziehen.

Das Agieren bezieht sich jetzt nicht mehr auf das vorherige Gespräch. Vielmehr müssen Sie es schaffen, Ihr positives Mindset wieder zu festigen. Als agierender Mensch bestimmen Sie, wo die Reise hingeht. Als reagierender Mensch blieben Sie immer etwas passiv. Sie reagieren auf eine Handlung oder Aussage. Ihre Möglichkeiten sind hier immer etwas eingeschränkt.

Mit folgenden Maßnahmen werden Sie wieder aktiv. Sie bestimmen die nächsten Schritte mit einem kühlen Kopf.

Sie haben Ihre Ziele und Ihre Träume. Erinnern Sie sich jetzt an sie. Gehen Sie Ihre Träume und Ziele im Kopf durch. Machen Sie sich bewusst, was Sie erreichen möchten und wederholen Sie Ihre Ziele und Träume mindestens dreimal mental.

Anschließend greifen Sie auf Ihre Ressourcen und Talente zurück. Stellen Sie sich Ihre fünf größten Talente vor, die Sie besitzen. Lassen Sie Ihre Talente vor Ihrem mentalen Auge ablaufen. Wenn Sie gut schreiben können, dann stellen Sie sich vor, wie Sie gerade am Computer sitzen und schreiben.

Wenn Sie gut präsentieren können, dann stellen Sie sich vor, wie Sie gerade einen Vortrag vor mehreren Menschen halten. Sie sind talentiert. Machen Sie sich das wieder bewusst.

Nachdem Sie Ihre Ziele, Träume und Talente affimiert haben, überlegen Sie sich drei Argumente, warum Sie diese erreichen werden. Wiederholen Sie diese Argumente mindestens fünfmal vor Ihrem mentalen Auge.

Herzlichen Glückwunsch! Sie sind jetzt wieder bereit, mit neuem Tatendrang und Willenskraft Ihre Ziele und Träume zu verfolgen. Ihre Selbstzweifel werden wie weggefegt sein. Los geht's!

8 Erste-Hilfe-Koffer gegen akute Selbstzweifel

„Schreien löscht das Feuer nicht." (Deutsches Sprichwort)

Ich habe eine Bitte an Sie: Lesen Sie nicht dieses Kapitel, wenn Sie nicht vorher die anderen Kapitel gelesen haben. Vielleicht fragen Sie sich jetzt, warum ich das von Ihnen verlange.

Dafür gibt es einen guten Grund: Die vorherigen Kapitel waren Ihre Therapie und jetzt kommt die Erste Hilfe. Vielleicht wenden Sie jetzt ein: „Das heißt doch Erste Hilfe, deswegen muss ich doch auch mit dieser als Erstes anfangen!"

Die Erste Hilfe bezieht sich allerdings auf Notsituationen. Wenn Sie wirklich krank sind, bedarf es einer Therapie. Deswegen ist es ganz wichtig, dass Sie zuerst die vorherigen Kapitel durchlesen und die Tipps und Übungen in die Tat umsetzen.

Der Erste-Hilfe-Koffer ist vielmehr für spontane Notsituationen gedacht. Es kann immer mal wieder vorkommen, dass Sie von akuten

Selbstzweifeln heimgesucht werden. Mit diesen Tools können Sie sich aus der konkreten Situation herausmanövrieren und wieder einen kühlen Kopf erlangen. Erste-Hilfe kann Sie aber nicht davor bewahren, wieder in so eine Situation zu kommen.

Sie löst immer nur das Problem, nicht aber die Ursache. Die Ursache liegt oft tiefer, im Unbewussten. Sie haben bereits in den vorherigen Kapiteln gelernt, wie Sie ihre Selbstzweifel langfristig beseitigen können.

Jetzt lernen Sie einige Kniffe kennen, mit denen Sie sich aus den Klauen Ihrer spontanen Selbstzweifel lösen können.

1. Tool: Das Ei des Zweifels

Kaufen Sie sich einen Handtrainer in Form von einem Ei. Sie wissen schon: Diese kleinen Dinger, auf denen man rumdrücken und die man zerquetschen kann. Schreiben Sie mit wasserfestem Stift das Wort „Zweifel" drauf. Immer wenn Sie zu Zweifeln beginnen, stellen Sie sich folgendes vor. Ihr kleiner Mann in Ihrem Kopf hat ihnen wieder ein Ei gelegt. Es befindet sich in

Ihrem Kopf. Nehmen Sie das Ei des Zweifels in Ihre Hand und beginnen Sie, es zu quetschen, zu zerdrücken. Stellen Sie sich vor, wie Sie die Brut des Zweifels zerquetschen, sodass sie gar nicht erst schlüpfen kann. Sie zerquetschen Ihre Selbstzweifel im Keim! Sobald sich die Zweifel legen, stecken Sie das Ei wieder in Ihre Hosentasche. Ihre Zweifel sind jetzt nicht mehr in Ihrem Kopf, sondern nicht mehr Bestandteil von Ihnen. Sie haben Sie wie eine lästige Fliege zerquetscht.

2. Tool: Das Mantra des Zweifels

Immer wenn Sie an sich zweifeln, beginnen Sie mit folgendem Mantra. Wiederholen Sie es mindestens zehnmal: „Meine Zweifel sind nicht real. Ich bin das Gegenteil meiner Zweifel. Ich bin stark, selbstbewusst und schaffe alles!“

3. Tool: Motivationsmusik gegen Zweifel

Sie haben jetzt bereits durch Ihre Kognitionen und durch Ihre Haptik wichtige Signale entgegen Ihrer Zweifel gesetzt. Jetzt müssen Sie noch Ihren akustischen Sinn beeinflussen. Hören Sie sich deswegen einige Motivationssongs an.

4. Tool: Was würde Ihr starkes Vorbild machen?

Sie haben sich in diesem Buch bereits Vorbilder ausgesucht. Stellen Sie sich folgende Frage: Was würde Ihr starkes Vorbild in Ihrer Situation machen? Wie würde es sich verhalten? Was würde es machen oder unternehmen?

5. Tool: Sport, Sport, Sport

Sie beginnen zu zweifeln? Dann pumpen Sie Ihr Ego auf. Rennen Sie 15 Minuten um den Block, machen Sie einige Sit-Ups oder gehen Sie für eine kurze Einheit ins Fitnessstudio. Zur Not tut es ein Spaziergang. Sie müssen auf jeden Fall ihre Perspektive ändern. Pumpen Sie etwas Sauerstoff durch Ihr Gehirn und ihren Körper. Dann geht es bald schon wieder besser!

6 Meditieren gegen Zweifel

Lernen Sie zu meditieren. Bei der Meditation können sich Ihr Geist und Ihr Gehirn entspannen. Bei aufkommenden Selbstzweifeln macht es oft Sinn, Ihrem Gehirn eine Verschnaufpause zu gönnen. Oftmals haben Sie nach der Meditation wieder den klaren Durchblick und sind tiefen entspannt.

7 Das mobile Visionboard

Sie haben sich bereits ein Visionboard angefertigt. Fotografieren Sie Ihr Visionboard. So haben Sie es immer bei sich. Bei akuten Selbstzweifeln werfen Sie einen Blick auf Ihr Visionboard. Denken Sie sich dabei Folgendes: „Nichts kann mich aufhalten. Ich erreiche meine Ziele und Träume!“

8 Der Zettel des Zweiflers

Schreiben Sie Ihre Zweifel auf einen Zettel. Setzen Sie sich am Abend auf Ihren Balkon oder auf Ihre Terrasse. Machen Sie sich eine Flasche Wein auf und zünden Sie sich eine schöne Duftkerze an. Dann lesen Sie noch einmal Ihren Zettel mit Ihren

Selbstzweifeln durch. Anschließend verbrennen Sie ihn in der Flamme Ihrer Kerze.

9 Raus aus dem Alltag

Lassen Sie alles liegen und stehen und gönnen Sie sich eine Auszeit. Machen Sie etwas nicht Alltägliches: Sie benötigen einen Tapetenwechsel. Wenn Sie in der Position des Zweifelns festsitzen und nicht mehr herauskommen, dann hilft es oftmals, die aktuelle Situation zu verlassen. Verreisen Sie für ein paar Tage oder gehen Sie auf eine Wanderung: Ganz egal was Sie tun. Wichtig ist, dass Sie die aktuelle Situation des Zweifelns verlassen. Wenn Sie zurückkommen, haben sich die akuten Selbstzweifel oftmals gelegt.

Sie sind am Ende dieses Buches angelangt. Ich bin stolz auf Sie, dass Sie es wirklich wollen: Sie werden es mit Sicherheit schaffen, Ihre Selbstzweifel loszuwerden. Ich hoffe, das Buch hat Ihnen gefallen und Sie sind zufrieden mit dem Kauf dieses Ratgebers.

Wenn Ihnen dieses Buch gefallen hat, möchte Ich Ihnen meine Ratgeberreihe mit dem Titel „Glück - die 100 Gebote" empfehlen. Einige Teile sind bereits erschienen. Sie können Sie ebenfalls bei Amazon erwerben.

Alle meine Werke finden Sie auf meiner Autorenseite: https://www.amazon.de/Simon-Ternyik/e/B00FVT82H8/ref=sr_ntt_srch_lnk_1?qid=1527783018&sr=8-1

Ich wünsche Ihnen nur das Beste im Leben!

Ihr Simon Ternyik

Haftungsausschluss:

Die Benutzung dieses Buches und die Umsetzung der darin enthaltenen Informationen erfolgt ausdrücklich auf eigenes Risiko. Der Autor kann für etwaige Unfälle und Schäden jeder Art, die sich beim Besuch der in diesem Buch aufgeführten Orte ergeben (z.B. aufgrund fehlender Sicherheitshinweise), aus keinem Rechtsgrund eine Haftung übernehmen. Haftungsansprüche gegen den Autor für Schäden materieller oder ideeller Art, die durch Nutzung oder Nichtbenutzung der Informationen bzw. durch die Nutzung fehlerhafter und/oder unvollständiger Informationen verursacht wurden, sind grundsätzlich ausgeschlossen. Rechts- und Schadensersatzansprüche sind daher ausgeschlossen. Das Werk inklusive aller Inhalte wurde unter größter Sorgfalt erarbeitet. Der Autor übernimmt jedoch keine Gewähr für die Aktualität, Korrektheit, Vollständigkeit und Qualität der bereitgestellten Informationen. Druckfehler und Falschinformationen können nicht vollständig ausgeschlossen werden. Der Autor übernimmt keine Haftung für die Aktualität, Richtigkeit und Vollständigkeit der Inhalte des Buches, ebenso nicht für Druckfehler. Es kann keine juristische Verantwortung sowie Haftung in irgendeiner Form für fehlerhafte Angaben und daraus entstandenen Folgen vom Verlag bzw. Autor übernommen werden. Für die Inhalte von die in diesem Buch abgedruckten Internetseiten sind ausschließlich die Betreiber der jeweiligen Internetseiten verantwortlich. Der Autor hat keinen Einfluss auf Gestaltung und Inhalte fremder Internetseiten. Der Autor distanziert sich daher von allen fremden Inhalten.

Buchinformationen

1. Auflage

Buchsatz & Cover: Simon Ternyik
Lektorat: Simon Ternyik

Impressum:
Simon Ternyik
Hans-Keis-Str. 62
82049 Pullach

34972983R00040

Printed in Poland
by Amazon Fulfillment
Poland Sp. z o.o., Wrocław